廿一世紀
完全
作人原則

哲臘曙　博士

較美好世紀世界出版社

美　國　麻　州

Complete Conduct Principles for the 21st Century

-- Traditional Chinese Edition

John Newton, Ph.D.

Nicer Century World Publishing

Massachusetts USA

作者簡介

（較美好世紀世界組織提供）

哲臘曙，在臺灣出生長大，美國麻省理工學院 (MIT) 物理學博士，在美國哈佛大學 (Harvard University) 從事科學研究。除了科學本行外，他也愛好文學、哲學、歷史、地理、音樂、教育、心理等等，更關心道德、作人、處事、社會、人類與世界等問題。他希望能融合科學本行與其他學問。其中一例即爲他長期對「廿一世紀作人」的思考及研究，產生了此書。古希臘的「哲學」意指一切的學問。他在大學時期即啓用「哲臘曙」這個筆名，期望能達成理想：使融合一切學問的事業再現曙光。

當人類即將步入廿一世紀時，高瞻遠矚、慈悲爲懷、同情憐憫、見危義勇的哲臘曙博士已提出了警世預言，其中一些已經在這新世紀被證明成眞。

雖然哲臘曙博士極忙於熱愛的科學研究，對眾多誠心求助者，他在自己已少得可憐的時間中盡力給予幫助。除了此書寬宏深遠的幫助外，在個別求助的情形下，他已經默默地拯救了許多他從不認識的人的心靈，使他們在悲痛絕望之端重新開創了幸福的人生。在其中有些情形，他也拯救了否則那時可能即將被毀滅的生命。

紀念我的母親，

我心中最偉大的母親

感　謝

較美好世紀世界組織

對本書的熱忱贊助

中文版加序

這本書的英文稿是在廿世紀末完成整理，在新舊世紀交接之際，西元二０００年，出版。英文版的書名是 Complete Conduct Principles for the 21st Century ，以我的英文筆名 John Newton 爲作者名。選取 Newton 是爲紀念近代物理學的奠基大師牛頓，而 John 則爲通俗的英文男子名。

本書的重要目標之一是融會貫通東西文化對作人的優良精髓，以之爲源進而創造較新較佳的作人原則以適合新世紀的人類社會，並將中國許多美好的作人精神介紹給西方世界。希望以此幫助解決廿一世紀人類社會所面臨的許多問題，包括(但不限於)(東西兩文化)僅其一文化不能解決的問題。

這些年來，爲了與本書相關的努力，我已犧牲了幾乎所有寶貴假日，甚至常披星戴月前進。以站在美國這的觀點看，這幾年的確是人類社會長期以來最震撼動蕩的時期。我欣慰得到世界各地許多良心人士與道德熱忱者的贊許及支持。在道德正義逐漸黯然褪淡的現今，他們可歌可泣的鼓舞和行動，是迄今我爲這方面一切努力與犧牲最大的慰償，也使我在灰暗的廿一世紀初對未來人類社會更添增了信心與樂觀。我在此再次表達感激和致謝。

繁忙的研究與工作遺憾地延緩了中文版的問世，我爲此感到歉疚。如今中文版即將發行，希望本書在另一方向的使命可以順利進展 – 貢獻於東方世界。中國爲禮儀之邦，有數千年的優良文化。願本書將能助於原本東方文化的更新致用，以裨益東方社會，也嘉惠所有人類。

哲臘曙

西元二ＯＯ五年於美國麻州劍橋

原序

這不是一本宗教書，也不是一本古訓集。這本廿一世紀完全作人原則的手冊是由長期的研究和思考產生的。這項研究不僅用到倫理學、人文學與哲學，也融合了科學、社會學、醫學與心理學。這思考不僅建立在愛心與情感上，也建立在理性與邏輯上。

科學與技術在廿一世紀將勝過過去任何時候。在廿世紀中，交通工具，如汽車、飛機、…等的發明，通訊工具，如電話、傳眞、電子郵件、網際網路、…等的發明，已使人與人間的「距離」縮小。在廿一世紀，更前進的科技將使交通工具和通訊工具遠勝過廿世紀，使得人與人間的「距離」更加縮小。在另一方面，對隱私權及「個人空間」的保障和尊重在廿一世紀將勝過過去任何時候，這使得人與人間的「距離」增大了。

經濟原因爲主，社會原因爲輔，人類的單元結構由農業時期的大家族制逐漸演變爲大家庭制、三代同堂制、小家庭制，在廿一世紀將更加趨向個人體系。過去家庭對個人的庇蔭將減弱，個人將更要依賴自己，不論對經濟、生活或作人、處事。在另一方面，生活與工作的獨立化，將使許多人更加寂寞，更殷冀友誼，希望得到安慰、鼓勵或其他精神支持。

對個人自由的渴望將比過去更加提高。在另一方面，廿一世紀的法律將趨向繁雜細瑣，對許多個人自由將比過去施加較多的限制約束。性騷擾那方面的法律即爲一例。在廿一世紀，不僅性騷擾問題將繼續在美國咆哮，那旋風也將捲襲其他國家 – 許多國家和地方將實施性騷擾法律。

科學與技術的前進，交通與通訊工具的進步，人類知識與智慧的提升，國際意識與世界意識的升高，使得國與國間的「疆界」逐漸褪淡，使得習俗、文化及道德觀逐漸趨向國際性；一國的習俗、文化及道德觀會受到其他國家的影響。這種影響在廿世紀已比過去強烈，而在廿一世紀將更加強烈很多。

這些是廿一世紀社會趨勢的幾個例子。這些趨勢使得廿一世紀人的社會所具有的矛盾性、複雜性、多方向性、多層面性、多維度性及多文化交融性將遠超過過去任何時候。面對這種新的社會，在廿一世紀「良好的作人應是如何」是項新的挑戰，需要新的思考和研究。

計算整個社會所有層面的平均，廿世紀下半葉社會風氣秩序與人的心靈心理是嚴重地朝趨負的方向進展。如果我們不及時予以扭轉挽救，在廿一世紀人類將遭受悲慘的大浩劫。

這個問題提醒世人：學習良好的作人對廿一世紀社會的健全發展非常重要。這息息相關到人類的幸福及命運。

這個問題也提醒我們：從現在起，學習良好的作人應該列爲教育的第一位。

本書的主要目的之一是在幫助解決人類社會的重要問題。本書也希望幫助每個個人解決他自己的作人問題；良好的個人作人是社會良好健康的基礎。

在廿一世紀一般人們將會非常忙碌而不能耐心地閱讀、消化一整本嚴肅的書。因此，若想要對人們的作人提供較有用的幫助，一本簡單明瞭、方便易讀、自我完備的小手册是較合適的。本書即是如此設計，以適合大多數人們。

這是一本手册；您不需要一次閱讀完整本書。後面的內容並不需要前面的內容爲基礎。如果閱讀某條需要參考其他條，則會註明。當您遇到某件作人問題時，或對其有興趣時，查看目次，尋找與您所需最接近的一條或數條原則。若您記得或猜測某原則的名稱，可先由書尾的《原則索引》查其條號，再由目次查其頁數。看看所想參考的原則的解釋或討論，思考、理解、消化其，並應用到您的問題上。久而久之您將熟悉所有的原則，那麼，我希望，您將能趨向「隨心所欲，而不逾矩」。

總共有一百廿一條原則，它們包括了所有廿一世紀作人所需的基本原則。每條原則附有解釋或討論，大多是精短、明白、簡單、易懂的；只有少數原則需要較長的解釋或討論。

對多數成年人及中學生而言，本書是自我完備的 – 爲了瞭解本書內容去參閱其他書籍資料（大致是）不必要的。這可省事省時，使您迅速且有效率地得到您所需要的。

這本書是我長期思考和研究的結果。在廿一世紀前夕的現在，將其公之於世，希能貢獻世人。

除了我個人所想所得外，此書也小心地融合了東方與西方兩種不同文化作人精神的優良精髓，最適合廿一世紀高度國際化及多文化交融性的社會，也可幫助解決（東西兩文化）僅其一文化不能解決的問題。

這一百廿一條原則不僅包括什麼是我們應該做的，也包括什麼是我們不應該做的 – 尤其針對許多人常犯或易犯的毛病。

您大概已經熟悉這一百廿一條原則中的某些，但並非全部。即使如果您已熟悉全部（或大部份），您大概仍可能會偶爾違反某些原則。

如果您過去曾經違反某些作人原則，就讓它過去。從現在起您可以有新的作人。

這一百廿一條是原則，而非絕對的戒律。要一生百分之百堅守全部誠屬不易。若偶爾在不得已的情況下輕微違反某原則而未造成無法挽救的後果，則不必太感覺罪過。參考本書有關的原則及其解釋或討論，檢討您所犯的錯，未來儘勿再犯。

本書是供您參考。您可以不必同意全部內容。若您不同意部份內容，您大概可以發現許多其他部份仍對您很有助益。您可以推導或活用這些原則、解釋和討論，舉一反三，尤其應用到您所遭遇的特別情況。

原則與原則間有部份重複是無法避免的。這主要是由於作人原則本質上即有部份重複性。爲了本書的手冊特性，即使兩條原則間有部份重複，它倆仍可能被分開成兩條不同的原則。也因爲許多讀者查閱本手冊時，他們常僅想看與那時所需最接近的原則。

在另一方面，也因爲原則間的部份重複性，若您認爲還有某些作人原則未列入此書，那麼很可能它們可以被這一百廿一條中的某些推導、包含了。所以雖然本書只有一百廿一條原則，對廿一世紀良好的作人它們應該是完備的。若您能將這些原則舉一反三、推導活用、善加發揮，應該足夠供廿一世紀良好作人全部所需。

我在許多條的解釋或討論中建議參閱其他相關的原則，如此相互參閱可使效果更佳。但是這種相互參閱的建議標示必然是不完全的。尤其因爲所需因人因事而異，而且，如上已談，作人原則本質上即有部份重複性。我因此並未試著使相互參閱的建議標示完全。若您想看所有需要的，較宜依《如何使用本手冊》所建議的方法找出它們。

這本書適合幾乎所有年齡，從幼年到老年，不論職業、身份、地位、宗教信仰、國籍、區域。對幼年讀者，若父母或老師能予以協助，則效果可以更佳。

除了性騷擾問題外，本書並不特別地討論男女之間交往特有的問題，包括例如婚姻問題。那些問題中許多是習俗因素重於道德因素，常因時因地而異，而且解決方法常因個案而異，應該放在另外專門書討論。更且本書有幼年讀者，所以，除了性騷擾問題外，討論那些更加不適宜。本書是對一般的個人作人原則，男女皆適用而內容大致與性別無關。上面所討論的特別問題隨時間進展而改變的劇烈程度將遠超過一般作人問題；某些在廿世紀或更早期存在的問題（不包括性騷擾問題）將在廿一世紀逐漸式微，而新的問題將興起。不管那些問題如何發展，本書中絕大多數作人原則在廿一世紀將一直適用，不論您所對待、相處之人的性別爲何。

既然本書的內容大致與性別無關，而第三人稱在書中出現多次，爲了簡潔，本書以「他」代表「他」或「她」。

下面讓我們談談良好作人的一些其他益處。

許多人都知道良好的作人有助於工作、事業和前途。這是非常明顯的益處，所以不需要在此處多加說明。

對學生而言，現在培養良好的作人，不僅助益學校生活，也助益未來前途。

良好的作人可以帶給您自己、家人、親戚、朋友、周圍的人、所接觸的人以及更多的人愉快與幸福。

若人一生只求物質享受，對遠優於其他動物而爲萬物之靈的人類而言，豈不可惜？本書中許多作人原則可以提升人生的意義。

我需要多加說明的是作人與健康的關係。

科學近來發現一個人的思想、情緒、行爲嚴重地影響他的健康。思想、情緒、行爲三者相互影響，而它們會刺激腦部產生某些物質與訊息，這些物質和訊息會嚴重地影響一個人的健康，例如影響您的免疫系統及康復功能。

我要提醒讀者：思想、情緒、行爲正是作人的要素。因此您可以理解作人與健康有深厚的關係。

由上述可知，這裏對作人與健康關係的討論並非僅是（狹義）哲學，而是有了科學的根據。

如果遵循本書的作人原則，使您在廿一世紀有較善良美好的行爲、較穩定愉悅的情緒及較成熟開明的思想，則將必定會助益您的健康；而相反的情況則可能會傷害健康。

除了您自己的健康外，如前述，良好的作人會帶給他人愉快和幸福，所以也助益他人的健康，益己益人。

換句話說，您的良好作人將有益於您自己以及您周圍人們的心理、精神與健康。

前面數段談良好作人的一些好處。但在那之後我要強調，是最重要的一點：不論好處如何，良好的作人是我們作一個人，作人類社會中的一份子，應該做到的。

許多人常感嘆世風日下、道德衰頹。讓我們共同努力，促成較美好的廿一世紀！

我特別感謝內人（也是一位資深學者）熱心協助完成本書。

哲臘曙

一九九八年於美國麻州劍橋

目　次

如何使用本手冊

這是一本手冊；您不需要一次閱讀完整本書。後面的內容並不需要前面的內容爲基礎。如果閱讀某條需要參考其他條，則會註明。

當您遇到某件作人問題時，或對其有興趣時，查看目次，尋找與您所需最接近的一條或數條原則。若您記得或猜測某原則的名稱，可先由書尾的《原則索引》查其條號，再由目次查其頁數。

看看所想參考的原則的解釋或討論，思考、理解、消化其，並應用到您的問題上。

久而久之您將熟悉所有的原則，那麼，我希望，您將能趨向「隨心所欲，而不逾矩」。

對使用本手冊的一些說明與忠告

在廿一世紀一般人們非常忙碌而不能耐心地閱讀、消化一整本嚴肅的書。因此，若想要對人們的作人提供較有用的幫助，一本簡單明瞭、方便易讀、自我完備的小手冊是較合適的。本書即是如此設計，以適合大多數人們。

總共有一百廿一條原則，它們包括了所有廿一世紀作人所需的基本原則。每條原則附有解釋或討論，大多是精短、明白、簡單、易懂的；只有少數原則需要較長的解釋或討論。

對多數成年人及中學生而言，本書是自我完備的 – 爲了瞭解本書內容去參閱其他書籍資料（大致是）不必要的。這可省事省時，使您迅速且有效率地得到您所需要的。

除了我個人所想所得外，此書也小心地融合了東方與西方兩種不同文化作人精神的優良精髓，最適合廿一世紀高度國際化及多文化交融性的社會，也可幫助解決（東西兩文化）僅其一文化不能解決的問題。

這一百廿一條原則不僅包括什麼是我們應該做的，也包括什麼是我們不應該做的 － 尤其針對許多人常犯或易犯的毛病。

您大概已經熟悉這一百廿一條原則中的某些，但並非全部。即使如果您已熟悉全部（或大部份），您大概仍可能會偶爾違反某些原則。

如果您過去曾經違反某些作人原則，就讓它過去。從現在起您可以有新的作人。

這一百廿一條是原則，而非絕對的戒律。要一生百分之百堅守全部誠屬不易。若偶爾在不得已的情況下輕微違反某原則而未造成無法挽救的後果，則不必太感覺罪過。參考本書有關的原則及其解釋或討論，檢討您所犯的錯，未來儘勿再犯。

本書是供您參考。您可以不必同意全部內容。若您不同意部份內容，您大概可以發現許多其他部份仍對您很有助益。您可以推導或活用這些原則、解釋和討論，舉一反三，尤其應用到您所遭遇的特別情況。

原則與原則間有部份重複是無法避免的。這主要是由於作人原則本質上即有部份重複性。爲了本書的手冊特性，即使兩條原則間有部份重複，它倆仍可能被分開成兩條不同的原則。也因爲許多讀者查閱本手冊時，他們常僅想看與那時所需最接近的原則。

在另一方面，也因爲原則間的部份重複性，若您認爲還有某些作人原則未列入此書，那麼很可能它們可以被這一百廿一條中的某些推導、包含了。所以雖然本書只有一百廿一條原則，對廿一世紀良好的作人它們應該是完備的。若您能將這些原則舉一反三、推導活用、善加發揮，應該足夠供廿一世紀良好作人全部所需。

我在許多條的解釋或討論中建議參閱其他相關的原則，如此相互參閱可使效果更佳。但是這種相互參閱的建議標示必然是不完全的。尤其因爲所需因人因事而異，而且，如上已談，作人原則本質上即有部份重複性。我因此並未試著使相互參閱的建議標示完全。若您想看所有需要的，較宜依《如何使用本手冊》所建議的方法找出它們。

本書的內容大致與性別無關，而第三人稱在書中出現多次，爲了簡潔，本書以「他」代表「他」或「她」。

有關其他可幫助的說明與討論請見本書序。

一　誠實

勿欺騙，勿說謊。所說的每一句話都是您所知的真話。

不能說真話時寧可不說。必須說話時就要說真話。

使他人相信：您說出的每一句話都是真確的；建立這個信譽，勿損傷它。

另請參閱第二、廿八、卅五、卅六、卅七、六一、八二條。

二　眞摰、誠懇

待人應真摯誠懇、真心誠意、老實不欺。

另請參閱第一、廿八、七五、一0一、一0三條。

三　守信、重然諾

說出的話，答應的事，就應做到。切勿隨便答應或約定而不做到。不能做到的事絕不答應，沒有把握做到的事不答應他人可以做到。一旦答應他人，就應做到。萬一實在不能履行已答應或約定的事，應儘快通知對方，並且道歉。

另請參閱第卅八、八二、九九條。

四 謙虛

勿驕傲。

謙虛使自己較不會過於自滿，而較會做事實在，精益求精。

您可以在內心有不屈的傲骨，但這並不意謂您在外可顯驕傲之氣。

在廿一世紀競爭愈加激烈，傲慢自大、自吹自擂、誇大吹噓易遭人嫉妒、厭惡；反之，謙虛較會使他人敬重您。

在必要描述自己或事情時，最多勿超過事實。

另請參閱第四六、六九、七０條。

五 尊重他人

尊重他人是良好作人的基本心理與態度之一。

不要有瞧不起人的言行舉止。即使某些人在能力、身體、外表、…等有缺陷，勿瞧不起，仍應尊重。

即使對身份地位低下的人、小輩、晚輩，或在幫助他人時、賞錢時，…等仍應該客氣謙恭、尊重對方。

尊重他人，對方也較會尊重您。

另請參閱第廿七、一０四～一一二、一一五條。

六　正直、正義

心中永遠堅持正直、正義，不論環境、情況如何。

勿欺善怕惡，勿欺弱畏強。勿因他人勢弱就欺負，勿因他人易被佔便宜就佔便宜，勿因他人易被利用就利用。如果某人善良或純潔，更不應該欺負或利用他。

明辨是非善惡，言行依之取捨。鼓舞好人好事，貶抑壞人壞事。

另請參閱第卅四、卅五條。

七　寬容

這個世界不可能事事完美地順著您的心意。這個世界沒有兩個人是完全相同的，所以他人的意見常會與您的不同。人與人相處應儘量寬容、包涵。

另請參閱第五八、七三條。

八　助人

在自己能力範圍內應儘量幫助他人。

不僅幫助認識的人，在需要時(且在適宜、安全的狀況下)也應該幫助陌生人。

助人也可帶給您自己快樂。

除了過去傳統較注重的物質上、做事上等有形的助人，在廿一世紀無形的助人愈加重要，例如提供知識或作人心得，給予安慰、鼓勵或其他精神上的支持。這些也可助益他人的健康(詳請參閱本書序後部)。

另請參閱第十一、四九、五0條。

九　尊重他人隱私權

勿探人隱私。避免問他人有關個人隱私方面的問題。

許多人原意只是關心對方或其他正面的好意，而不知不覺地違反此原則，所以對此原則要格外小心。

對隱私權及「個人空間」的尊重在廿一世紀更加重要。要適應新的社會，人人應該知覺這個原則，小心遵守它。

另請參閱第十條。

十　保持適當距離

中國自古名言：「君子之交淡如水」，這句話在廿一世紀更加適用。

英文常以親密(close)與否形容友誼的程度。這反映了許多人的心理。其實衡量友誼程度較適當的形容詞應該是好(good) - 有多好，而非親密 - 有多親密。好朋友未必親密，親密的朋友未必好。

許多人持有錯誤觀念，以爲親密必會增進友誼。然而事實上太親密往往會傷害友誼。

尊重朋友的隱私權與個人空間(詳請參閱第九條)。

保持適當距離可助益維護友誼；不僅維護友誼的程度，也使友誼較能持久(另請參閱第一０三條)。

十一　同情、憐憫

心中永存同情、憐憫之心 - 對他人的不幸，對所有的人，對自然萬物。

另請參閱第四九、五０條。

十二　幽默、風趣

幽默、風趣是人與人相處的潤滑劑，它們也可帶給自己和他人喜悅，增添生活趣味。所以在適當的情況下，不妨幽默、風趣。心中應常存幽默感。

但是幽默、風趣應該適當、適時、適所，否則可能造成負的效果。

許多人習慣以嘲笑、諷刺、挖苦或貶損對方來表現幽默、風趣，這是不應該做的。

許多人喜歡講黃色笑話來表現他很幽默、風趣。那種笑話的確易令人發笑，但是只適合講給配偶或類似的人聽。一個人若不靠黃色笑話、嘲笑對方等而能良好地表達幽默、風趣才是真正高明的幽默、風趣者。

另請參閱第七六、一一五條。

十三　風度

應有紳士、淑女的風度。

另請參閱第十二、十四、廿九、卅、卅二、卅三、四四、五一、七六、七七、七九、一一二、一一五條。

十四　氣質

注意自己的氣質，使其良好，不僅增加他人對您的好感，也會無形中增加自己的榮譽心和自尊心。

另請參閱第十二、十三、十九、廿九、卅六、五一、七六、七七、七九、一一五條。

十五 孝順

這是東方文化傳統美德之一。

父母教養我們付出如此多，我們不應該孝順嗎？

感激並回報父母。在合理及能力範圍內儘給予父母他們所希望的。

十六 廉潔

勿貪污，勿施、受賄賂，勿貪求不合理的錢財。

公私分明，不該取、用的錢、物勿取用。

另請參閱第六、卅五、卅七、七四、一一六條。

十七　公平、公正

您可曾想過遭受不公平對待者的心裏感受？您不曾同情他們嗎？您自己不曾遭受不公平對待嗎？將心比心，作人做事都應儘求公平、公正。

另請參閱第六、十一、廿五、卅四、卅五、六四、一0四～一一一條。

十八　瞭解自己

瞭解自己各方面，尤其包括優、缺點。克服自己的缺點，發揮自己的優點。

時時檢討自己，試著瞭解自己的性情、脾氣、個性、情緒、感覺、動機、慾望、情感等，試著做有系統的分析，發揮優點，修正缺點。

這些可以助益作人。另請參閱第十九、七一、七二條。

十九
自尊、自信；
勿自卑

瞭解自己的優點，發揮自己的優點，建立自尊心與自信心。切勿自卑；自卑感是不良作人的一大病源，可能導致一系列作人的缺失，甚至可能鑄成大錯。

如果您有自卑感，設法消除它。想想您的優點，使您自尊自信。遵循本書的作人原則，使您至少受到他人尊重及信任。這些將幫助消除您的自卑感。當它被消除後，您較不再會因爲他人的嘲笑、輕視、錯誤的批評或芝麻小事而使情緒變得大壞。

另請參閱第十八、八二、八五條。

廿

試著瞭解他人；避免誤會

以下兩點可以幫助您的作人：(１)瞭解基本人性。(２)試著去瞭解對方，尤其包括他的動機、想法、情誼與感受。

許多人際關係需要靠自己的智慧去判斷，而非僅憑對方的話可以完全瞭解，尤其因爲一般人的內心世界只有小部份會以話語、文字方式表達出來。

不瞭解對方，甚至誤會對方，常常是許多問題的起源。

另請參閱第廿一、廿三、廿四條。

廿一

勿太高估或低估友誼

如果您太過高估友誼，您將會失望，而可能產生一些不良的心理反應。

如果您太過低估友誼，可能使您顯得冷漠，可能造成對方的怨恨，也可能產生許多錯誤。

對友誼的瞭解和期望與事實相距不遠則可助益友誼的穩定且長存。

另請參閱第廿、廿二、廿三、廿四、一0三條。

廿二

使用新式
通訊工具
時的
心理調適

長久以來人類主要的長程通訊工具是信件。在廿世紀中先有電話再有傳真及多種方式的電腦通訊，訊息立刻可達。廿一世紀的通訊比廿世紀更多樣式且更快。

在過去信件時代，寄信人不會預期立刻收到回信。所以收信人可以依序安排自己的工作，在合理的時間內回覆，而不致於得罪寄信人。

使用新式立即可達的通訊工具，例如電子郵件，許多送出訊息的人傾向期望迅速收到回音。若收訊息者沒有迅速回覆，或若不放下急要工作立刻回覆該訊息，即可能使送訊息者產生挫折感和失望，甚至造成怨恨。

新式工具的目的在使人方便，增進人的幸福。然而在有些情況卻意外造成人的麻煩，甚至損傷友誼，尤其對不瞭解這點以及不知如何妥善處理的人。

當您以新式通訊工具，例如電子郵件，送出訊息給朋友時，應該要瞭解這點。除非必要，勿期望對方太快回覆。勿給朋友壓力，在有些情況甚至可告訴對方在他方便時才回覆，顯示您的體諒與寬容。

與朋友通訊不應該意外地損傷友誼，而應如您所願增進或維持友誼。

另請參閱第廿、廿三、廿四條。

廿三

期望勿超過事實太多

除了上面第廿一、廿二條外，對一般事而言，若期望遠超過事實，大概也都會失望而造成不良的心理反應，甚至可能會損害作人，所以應該避免。

另請參閱第廿、廿一、廿二條。

廿四

站在他人的立場想；
體諒他人；
爲他人著想

勿總是僅站在自己的立場想；應該常站在他人的立場想，爲他人著想，體諒他人。

另請參閱第廿、廿二、廿五、廿六、廿七條。

廿五
將心比心、推己及人

己所不欲，勿施於人。

以自己的喜惡、感受去設想他人的喜惡、感受；但是要小心判斷，他人的喜惡、感受或許與自己的不同。

另請參閱第廿、廿四條。

廿六
快樂勿建立
在他人的痛苦上

使自己快樂但勿因而造成他人痛苦。

勿為使自己爽快而罵旁人或出氣於旁人。

另請參閱第廿四、廿五條。

廿七
享受自由
但勿打擾到別人

享受自己的自由但要自我限制。這種限制往往難以明確判斷取捨。一個好的原則是勿打擾到他人。例如，享受聽歌曲，但勿打擾到別人。

另請參閱第廿四、廿五、廿六、一一三條。

廿八　厚道

這是東方文化傳統美德之一。

待人接物勿刻薄、吝嗇、欺詐、霸道，而應厚重老實。

另請參閱第一、二、六、廿四、卅一、四九條。

廿九　禮貌

該有的禮貌，就應該做到，勿吝嗇禮貌。

不要認爲禮貌是多餘的或未必是真心的而輕視它。試想若人的社會沒有禮貌則會成何樣子？禮貌對人與人間的相處是重要的。

另請參閱第十三、十四條。

卅　親切

對人應該親切，和藹可親，真誠懇切。

另請參閱第五、卅二、四九條。

卅一　慷慨、大方

在自己能力範圍內，應慷慨、大方，勿吝嗇、小氣。

卅二　和諧

與人和諧相處，儘量避免怨憤、仇恨。

另請參閱第廿九、卅、卅三條。

卅三　隨和

在不違反其他原則的條件下，應該儘量待人隨和。

另請參閱第廿九、卅、卅二條。

卅四
明辨是非善惡

心中永遠明辨是非善惡，言行應該朝向對的、好的，遠離錯的、壞的。

另請參閱第六、卅五、卅七條。

卅五　道德感

心中永存道德感，言行遵循它，不論環境、情況如何。即使他人的道德感已萎縮，您仍應堅持不靡。

另請參閱第六、卅四、八三條。

卅六　榮譽感

若人一生只求物質享受，對遠優於其他動物而爲萬物之靈的人類而言，豈不可惜？本書某些作人原則可以大大地提升人生的意義，榮譽感即爲其一。

人要知何爲榮譽，作爲言行取捨的參考之一。

另請參閱第卅七、四七條。

卅七　耻辱感

如同第卅六條「榮譽感」之理，人要知何爲恥辱，言行避免那些。

另請參閱第卅六條。

卅八　責任感

心中永存責任感。先想後果，做負責任的決定；言行既出必負責。對作人做事負責，光明磊落，不推卸責任。

對自己、家人、親友、所屬團體、社會、人類、世界、以及自然萬物都應該有責任感。

卅九　重義氣

這是東方文化傳統優良精神之一。

珍重友誼，在能力範圍內，適時予以適當的表達。

受人之恩應存感激之心，在能力範圍內，適時予以適當的報答。

即使時間已久，這些心意仍應存在。

另請參閱第一０三條。

四〇　勿「雞婆」

成年人大多有自己的主見，也多少有些自尊、自信心。如果好管閒事，喜歡把自己的意見要求他人接受，則易得罪對方。

除了對下屬、晚輩等外，對同輩的成年人，除非必要，否則應該在他人誠心向您請教或確定他人有誠心聽您的意見時，才給予對方意見。

您給他人的意見只是建議，勿勉強對方接受。讓對方做最後決定。給完意見，您已完成您的部份，除非必要，勿追盯著欲求對方必依您的意見去做。

四一　勿遷怒

許多人視遷怒爲理所當然，甚至理直氣壯地解釋：「我心情不好嘛！」許多人在遷怒之後道歉：「對不起！我那時心情很壞。」如果偶爾一兩次遷怒，之後知過能改不再犯則可原諒。如果不知爲錯或知過不改而不止盡地犯下去，就是大錯了。

就事論事，就人論人。必明理、講理。勿把對一個人或對一件事的不悅遷怒於其他人或事。

在任何情況下，再壞的心情，都不應該把自己的不悅或氣憤發洩在無辜者的身上，包括在一起生活或工作的人；也不應該發洩在不同的事情上。

另請參閱第卅四、四二、四三、五三、五四、五六、五七條。

四二　勿任性

作人不可任憑自己的情緒而爲，必須理性、合理，自我節制，遵循如本書所提的作人原則。

另請參閱第廿四、廿六、廿七、卅四、卅五、四一、四三、五三、五五、五六、五七條。

四三
勿造成
周圍的人痛苦或不悅

不論自己的心情、情緒有多壞，自己應該負責設法解決，儘量避免造成周圍的人痛苦或不悅。

注意此條與第四一條「勿遷怒」並不相同。遷怒是指因爲其他事造成的怒發洩於無辜的人或事上，而此條「造成周圍的人痛苦或不悅」未必是指發怒；許多言行可能造成旁人痛苦或不悅。

另請參閱第廿四、廿五、廿六、廿七、卅四、卅五、卅八、四一、四二、五三、五五、五六條。

四四　競爭君子

在廿一世紀競爭愈加激烈，這修養也愈加重要。

競爭勿扯人後腿，必靠自己正當的努力與實力，真實地贏過對方。

不必使對方失敗或退步，而可兩者皆進步。如此競爭可促使您更加努力因而進步更多。

另請參閱第四五、四六、四七、四八、五八條。

四五　避免嫉妒他人

天外有天，人外有人；雖然有了周瑜，仍然可能有孔明。在人的世界，這是無奈的，不妨視之自然。

假若有人勝過您，不要去嫉妒他。盡己之力努力去達成目標，能完成多少算多少，只要盡力就好，捫心無愧，心安理得。

另請參閱第四四、四六、四八、五八條。

四六　避免被人嫉妒

雖然難以完全避免，但應儘量避免被人嫉妒。

尤其在廿一世紀競爭愈加激烈，更要小心做到此。

謙虛與尊重他人可以大大地幫助您做到此。

瞭解基本人性，試著瞭解他人，站在他人的立場想，爲他人著想等也可大大地幫助您做到此。

另請參閱第四、五、廿、廿四、四四、四五、六九、七0條。

四七

競爭不依賴對方倒，應靠自己升

與人競爭不依賴對方失敗或倒下，而應該全靠自己正當的努力與實力，力求進步。這樣使注意力集中在自己的努力，使自己更加進步。如此贏過對方則較光榮可賀。

另請參閱第卅六、四四條。

四八　絕勿害人

不論是競爭或其他情況，絕不可害人。

另請參閱第四四、四五條。

四九　仁愛

永遠寬仁慈愛對待所有的人。

另請參閱第十一、廿八、卅五、五０條。

五〇　博愛

開闊您的胸襟，不僅愛所有人類，也愛自然萬物。

持如此博愛之心，可使您的整個心胸更寬闊，器量更大，更不計較不值得重視的人事瑣屑。

另請參閱第十一、四九、五八、七三、八五條。

五一　穩重

勿輕浮氣躁，勿聒噪不寧，勿急躁冒失。

另請參閱第十三、十四、五二、五三、五四、七六、七七、一一五條。

五二　慎言

「禍從口出」，說話應慎重，應該先想想：說這話是否會有不良後果？是否違反某（些）作人原則？剛開始採此方法時或許您會覺得過程較慢，但養成習慣後，思考就加快了。（這也可促進您迅速思考的能力。）

另請參閱第五一、六一、六九、七六、八0、八一、九0、一一四、一一五條。

五三　絕勿衝動

在任何情況下，絕勿衝動。許多人闖下大禍就是在一時衝動下；衝動常常會造成難以補救的悲慘後果，後悔已太晚了。

許多人誤以爲對他人發洩怒氣是消除怒氣的好方法。事實上那方式常常反而增加怒氣或延長怒氣，使小事變大，甚至造成後悔的結果。

在欲衝動時，徐徐深呼吸一下，想想本書有關的作人原則，使克制自己，調節自己的情緒。換個角度去想問題，例如以較樂觀的角度去想。看看下面幾條原則將會有進一步的幫助。

另請參閱第七、四一、五一、五二、五四、五五、五六、五八條。

五四
平和、冷靜、沈著

遇到意外的事、不如意的事、令人憤怒的事、令人衝動的事等，儘量使自己平和、冷靜、沈著。急躁、衝動往往使事情變得較糟；平和、冷靜、沈著才較可使自己走向正確的方向。

另請參閱第五一、五三、五五、五六條。

五五　忍耐

在這個世界不可能事事完美順心。俗語說：「人生不如意十之八九」。遇到不如意的人事，必須忍耐，再依本書有關的作人原則去妥善處理。

另請參閱第五三、五四條。

五六　理性

作人處事應主依理智思考、判斷、決定，而勿過於情緒化地任性而為。情緒應輔助理性，而不是違逆它；理性應善導情緒，但並非消除它。

另請參閱第四一、四二、五七條。

五七　講理

待人、說話、交談、溝通、協調、…等應講理，而勿蠻橫、耍賴、霸道、任性。也勿浮躁、誇張。所有的言行應該合理。要使他人不僅口服，並且心服。

另請參閱第卅四、四二、五六、六九、九一條。

五八　心胸寬闊

修養自己寬闊的心胸，對他人儘量尊重、寬容、忍耐。

另請參閱第五、七、四四、四五、五０、五五、七二、七三、八四、八五、一０四～一一一、一一七～一二０條。

五九　勿說人壞話

說人壞話是不良行爲，勿做。

另請參閱第七、廿八、四八、四九、五二、五八、六０條。

六〇

避免批評第三者

除非第三者是屬於被公共談論的人物，例如政治人物或大眾新聞中的角色，否則，除非必要，避免批評第三者。

假若您習於批評第三者，對方會懷疑您是否也對別人批評他，因而損傷對您的信任和尊敬。

另請參閱第七、廿八、四八、四九、五二、五八、五九、八二條。

六一　求眞

說話要根據事實，勿虛僞造假。

勿將自己的猜測或不確定的事說成是確定的事實。

要說不確定的事，應該表示不確定。例如可加「我猜想」、「（很）可能」、「或（也）許」、「大概」、「應該（是）（會）」、「好像是」、「似乎是」、「我希望（是）（會）」、「我想」、「我認爲」、「我不確定」、…等。

另請參閱第六九、七六、八０、八一、八二條。

六二　樂觀

本條所指的是合理程度的樂觀，而不包括過度天真或不合理的樂觀。

樂觀使生活較積極，而使生命較有意義，遇到挑戰、困難、挫折時較不會氣餒沮喪。

樂觀的心理與態度可帶給他人安慰或愉快，並可促使他人較樂觀。

科學近來證實樂觀有益於健康。因此樂觀可以助益您自己以及他人的健康，益己益人。（詳請參閱本書序後部。）

六三　勇敢、堅強

該勇敢的時候就要勇敢，勿畏懼。

該堅強的時候就要堅強，勿懦弱。

另請參閱第六四、八五條。

六四
獨立；
除非必要，勿依賴他人

廿一世紀的社會趨向人的獨立。許多事要由自己來做或者經由服務業去做。廿一世紀的社會也使這種方式做事愈來愈方便。事實上善用一本電話公司所提供的電話列冊就可以解決大多數過去認爲要依賴親友幫忙的事。網際網路也可以增加您許多便利。同理，愈來愈多的事可由機器來做或協助。此外，各式各樣服務業的興起更增加許多便利。幫您做事的人未必是您認識的。您做其他事賺到錢，而您付錢給服務業來幫您做事或給您便利，各得所需，愉快、乾脆地完成事情，而沒有人情的欠債或負擔。

如果一個人仍然沈溺於舊社會方式地依賴親友幫忙，他將會發現愈來愈難適應新社會。尤其在廿一世紀人們更加忙碌，更不宜依賴親友幫忙。

要使愉快地適應新的社會，應該訓練自己獨立的能力及習慣，首先由觀念上改變：

在能力範圍內應該儘量幫助別人（另請參閱第八條），但是自己應力求獨立；除非有無法克服的障礙，儘量勿依賴親友幫忙，尤其是勿存有依賴的心理。

另請參閱第六三、八七、一0一條。

這種觀念的提升與普及將益於整個社會風氣。如果人人憑自己踏實的努力和貢獻去獲得職位、升遷、獎賞、報酬、錢財、…等，而不依賴親戚、朋友、牽線，不靠人情，不走後門，則整個社會將趨向較公平、公正（另請參閱第十七條）。

這種理想境界若能達成或趨近，將使「好人不吃虧」的信念植於人心，使人們對道德、向善更加尊重敬服，則整個社會將更加美好。

六五　豁達

在不違反其他作人原則下，社交時不妨豁達，

而不過於拘拘縮縮或冥頑乖僻。

六六　乾脆

該乾脆的時候就應乾脆 － 言行爽快簡潔、乾淨俐落，而不拖泥帶水。

六七　果決

該果決的時候就應果決，而勿猶豫不決。

事先應該慎重考慮，但到必須果敢決斷時，就勿躊躇退縮。

六八

有時行動勝於說話

對還未做的事勿吹噓亂「蓋」，常常事情做了再說較好。僅瞎吹而不付諸行動則更糟。

另請參閱第六九、七0條。

六九
不吹噓自己、不誇張、不胡扯瞎編

這些是說話時應該注意勿犯的。說話要實在，所說勿超過事實，勿驕傲自大、趾高氣揚、炫耀傲慢。

另請參閱第四、六一、六八、七六、八一、八二條。

七〇

除非需要，
少談自己，
而應多關心別人

除非需要，否則避免在交談時大多在談自己，而應該多關心對方或他人。

另請參閱第六八、六九、九四條。

七一　檢討；反省

時時檢討反省自己所想、所言、所行是對是錯、是好是壞。

不如意時，勿僅責怪他人，應先檢討反省自己。

也應該時時檢討反省是否有違反本書作人原則之處。

另請參閱第十八、七二條。

七二

勇於認錯、知錯能改

發現自己有錯，就勇敢地認錯、道歉，並且改正，永勿再犯。

另請參閱第十八、七一條。

七三　寬以待人

要嚴以律己，但寬以待人。

得饒人處且饒人。儘量容忍他人、原諒他人。

另請參閱第七、五０、五八條。

七四
勿佔他人便宜

堅守正直與廉潔，勿佔他人便宜。

另請參閱第六、十六條。

七五
勿利用朋友

珍惜友誼，盡朋友之道，在能力範圍內應儘量幫助朋友，但自己勿利用朋友。

另請參閱第二、六、八、十六、六四、八七、一0一條。

七六　注意談吐

注意自己的談吐，改進說話的態度和所用的字詞。

許多人都有被自己忽略的談吐小毛病，例如用髒話或鄙賤的字詞，過度常用口頭禪等，必須時時注意，力求改進。

許多人習慣在談吐中不假思索地嘲笑、諷刺、挖苦或貶損對方，或顯現如此的態度、語氣，應該注意改正；使用較尊重對方的字詞，在態度、語氣上也要尊重對方。

另請參閱第十二、十三、十四、廿九、五七、六一、六九、八0、八一、八二、八三、八八、九0、一一四、一一五條。

七七
注意行爲舉止

許多人都有行爲舉止的小毛病，不勝枚舉。當事者或許自知其中一些，但已成習而常不自覺地易犯。所以要常常注意自己的行爲舉止，若發現毛病，必力求改進，根除不良習慣。

另請參閱第十三、十四、七八、七九、一一五條。

七八

注意清潔衛生習慣

若一個人的清潔衛生習慣差，會使別人對他厭惡而遠避。

不良的衛生習慣易致病，不論是經由他人傳染或直接致病。不良的清潔習慣也易弄髒身體或衣服、物品，令他人厭惡，且可能間接致病。

在廿一世紀人們對健康與清潔衛生愈加注重，所以這作人原則愈加重要。

注意清潔衛生，平時即培養好習慣，永遠遵循它。

另請參閱第七七條。

七九
培養
高雅端莊的行爲習慣

高雅端莊的行爲舉止，必須平時即培養成爲習慣，根絕小毛病。

如果平時毛病已經成習，在社交場合欲求全免它們是不容易的。高雅端莊的行爲舉止也不易一蹴即成，而應該長期培養成習。

另請參閱第十三、十四、七七、七八、一一五條。

八〇　勿武斷

幾乎每天到處都可看到或聽到武斷的字語。大多數人並不清楚地知道其不對。許多作者或演說者喜愛引用武斷的名言。任何此條的讀者應該知曉這不幸的事實，而不再武斷。

說話勿武斷，不能肯定的勿表肯定。勿以偏概全，勿「一竿子打翻所有人」。不能由甲事推導乙事的，勿那樣推導。有條件或假設的，應給予條件或假設。非絕對的勿表絕對。非全部的勿表全部。許多人常不自覺地犯這些錯誤。

爲避免武斷，您可在話中加，例如，「幾乎（全部）」、「絕大多數」、「大部份」、「許（很）多」、「有些」、「有時」、「常常」、「往往」、「在某些情況下」、「如（果）…，則…。」、…等。另外，在第六一條「求真」中所提的也可幫助避免武斷。

另請參閱第六一、七六、八一、八二條。

八一　客觀

思考、說話儘量客觀，避免主觀；避免僅站在自己的立場想、說，應該常站在他人或一般人的立場想、說。避免說個人偏頗成見的話。

如果說出的話是主觀成份較重的，應該表示這是主觀的，例如加「我想」、「我（個人）認爲」、…等。

另請參閱第七六、八０、八二條。

八二　使人信任

使他人信任您的言行，小心維護這份信任，勿損傷它。

要如何建立他人對您的言行信任？若您能遵循本書的作人原則即應該可以達成。例如，欲建立他人對您所說的話信任則應該做到誠實、真摯、誠懇、守信、重然諾、公平、公正、求真、勿武斷、客觀、…等。同理，繼續遵循本書的作人原則而不違反即應該可以維護這份信任。

另請參閱第一、二、三、十七、六一、六九、八0、八一條。

八三
顯現道德
比顯現小聰明重要

許多人在潛意識中喜歡表現小聰明而不顧及道德。欲求作人良好，應該有此知覺：顯現道德比顯現小聰明重要；顯現聰明以不違逆道德（及其他作人原則）爲原則。

另請參閱第卅四、卅五條。

八四

勿鑽人事牛角尖

開闊心胸，勿鑽繁雜細瑣人事牛角尖。勿製造人事是非。

另請參閱第五八、七三、八五條。

八五
淡視
不值得重視的
人事瑣屑
或他人錯誤的批評

對那些不值得重視的人事瑣屑淡視吧！記得開闊您的心胸，寬容他人。

若您檢討過，知道自己並未違反作人原則，那麼對他人錯誤的批評淡視吧！捫心無愧，心安理得。記得瞭解自己，自尊、自信、勿自卑，樂觀進取，不憂不懼，勇敢堅強，平和心境。

另請參閱第七、十八、十九、五0、五八、六二、六三、七一、七二、七三、八四條。

八六　避免樹敵

除非不得已，儘量避免製造敵人、仇人。

另請參閱第四九、五０條。

八七

寧可人負我，避免我負人

在自己能力範圍內應該儘量助人、貢獻，而避免虧欠他人。

另請參閱第八、廿八、卅九、一0一條。

八八

社交時試著
對對方談話有興趣

這是社交談話成功的基礎之一，也表示您對對方的尊重與友善。

另請參閱第五、卅三、五０、八九、九二條。

八九
與多人一起
社交談話時，
儘兼顧所有的人

以避免有人感覺您傲慢、不尊重、瞧不起、甚至厭惡對方，而且這是應該有的風度。

另請參閱第五、十三、卅、卅三、五0、八八、九二條。

九〇　勿亂罵濫怨

對不順心的事應該冷靜理智地尋求對策。亂罵濫怨易令人瞧不起，因爲這顯示修養不好。

另請參閱第七、四一、四二、四三、五一、五二、五三、五四、五五、五六、五八條。

九一　協調

人際間難免會有或大或小的衝突抵觸或意見不合的事情發生，此時應該冷靜理智地協調，設法尋求相互同意的解決方案。

另請參閱第廿、廿四、五四、五六、五七、一一八條。

九二　友善

儘可能對他人友善。這也表示您的風度、仁愛、博愛和尊重對方。

另請參閱第五、十三、卅、卅二、四九、五０條。

九三　熱情

應該熱情的時候，就給予對方適當的熱情，不要吝嗇熱情，不要冷酷待人。適當的熱情可以增加人間的溫馨與喜悅。

另請參閱第四九、九二條。

九四　關懷

在不違反其他作人原則下，應適當地關懷他人，尤其包括對您的家人、親戚、朋友等；並且在需要時，在您的能力範圍內給予幫助，至少是心靈上的關心。

另請參閱第八、九、十、十一、十五、卅、四0、四九、七0條。

九五
勿以外貌判斷人

「人不可貌相，海水不可斗量」；勿以外貌來判斷人。

另請參閱第八0、九六、一0九條。

九六
勿批評或嘲笑他人外貌

外貌不能表示一個人的好壞，而且外貌的主要因素不是他個人意志決定的，所以勿批評或嘲笑他人外貌。

另請參閱第五、十二、四九、八０、九五、一０九條。

九七　承謝

對他人的幫助、忠告、提供、招待等，不論接受與否，必須表示感謝。即使不接受，也勿說任何負面的話或不吭聲。

另請參閱第十三、廿九條。

九八　耐心

作人應有耐心。這是一項必要的修養。

在與他人相處時，應要求自己有耐心。

九九　守時

與人相約，必守時，儘量避免遲到。

另請參閱第三、卅八條。

一〇〇
解憂分樂、道賀讚美

朋友有憂愁時，在不違反其他作人原則下，應該在自己能力範圍內儘量設法幫助解除他的憂愁。自己有快樂時，不妨讓朋友分享。

另請參閱第八條。

當朋友有（正確的）快樂與您分享時，應該爲之高興。

該道賀或讚美時，就應該做到，勿吝嗇您的道賀、讚美。

一〇一
奉獻而不圖佔利

真正的友誼並非供來獲利的，並非提供錢財的。友誼與商業關係不同。

在能力範圍內應該儘量幫助朋友，但是勿企求從朋友那獲利；對友誼的態度應該是在能力範圍內奉獻而不圖求佔利。

另請參閱第二、八、六四、七四、七五、八七、一００條。

一〇二
要做一件事就做好

如果不能做好一件事，寧可不做，除非必要得做它。如果因爲有過多的事要做而不能做好事，那麼，可能的話，應該選擇較值得做的去做；立下取捨優先次序，在沒有時間的情況下，捨去較可捨去的。一旦決定做某事，就應該做好它。

這個原則同樣適用在人際交往。如果您因爲有過多的社交而無法遵循某些作人原則，那麼您應該選擇取捨一些社交。寧可減少社交，而使作人原則可以良好實踐。

一○三　持久

真實的友誼不應隨時間的逝去而褪淡，不該因空間的隔斷而減弱。

另請參閱第二、卅九條。

一〇四
勿因
殘障
而歧視人

同情、幫助殘障的人而勿歧視他。

另請參閱第五、八、十一、四九、五〇條。

一〇五
勿因
種族、膚色
而歧視人

身爲某一種族是在出生時已經決定了，不是他個人的選擇。任何種族都有好人有壞人，勿武斷地「一竿子打翻所有人」。開闊心胸，尊重他人，勿因種族、膚色而歧視人。

另請參閱第五、十七、五0、五八、八0、八一條。

一〇六

勿因

國籍

而歧視人

科學與技術的前進，交通與通訊工具的進步，人類知識與智慧的提升，國際意識與世界意識的升高，使得國與國間的「疆界」逐漸褪淡，遲早，希望在廿一世紀，地球終會和平、統一，不再有國與國間的爭鬥。

現在的國籍只是在那之前過渡時期的人爲行政劃分、紙上作業而已，其意義將愈來愈淺薄而終將消失。誇張、強調國籍在人類長程歷史上將只是短視妨礙人類和平、統一演進的小絆腳石罷了。

任何一國人民都有好人有壞人，勿武斷地「一竿子打翻所有人」。

開闊心胸，尊重他人，勿因國籍而歧視人。

另請參閱第五、十七、五0、五八、八0、八一、一0七、一一七、一一八、一一九、一二0條。

一〇七

勿因

省籍、地域或腔調

而歧視人

古時交通不便，不同地域間的聯絡困難，造成多種語言、方言。言語歧異使得感情隔閡。如今，在廿一世紀，交通工具進步，天涯若比鄰，上述原因已趨近消失。然而言語不同與感情隔閡的改進速度遠比交通工具的進步緩慢。這是由於某些人性弱點使然，但是也可以被我們人類自己修正。

放遠眼光理智地想想，這種因爲地域造成的歧視主要是源由於古時交通不便。若在交通通訊發達的廿一世紀仍拘泥於這種古時民智未開的歧視，豈不過於短視和心胸狹隘？而省籍與地域在此意義相近，只不過加上人爲行政劃分而已。一個人的母語決定在他嬰兒時期初學說話時的環境，不是他個人可以選擇的。不同母語的兩人以相同的語言說話時難免會有些不同的腔調。這些都是根源於古時交通不便造成的地域語言相異。因爲這些而歧視人是不明理、不理智的。

瞭解這些背景，我們更應該在天涯若比鄰的廿一世紀，開闊心胸，尊重他人，勿因省籍、地域或腔調而歧視人。

另請參閱第五、十七、五０、五六、五八、八０、八一、一０六條。

一〇八
勿因
性別
而歧視人

男女平等。開闊心胸，尊重他人，不論對方是男是女；勿因性別而歧視人。

另請參閱第五、十七、五八條。

一0九
勿因
外貌
而歧視人

外貌不能表示一個人的善惡，而且（絕大多數情形）外貌缺陷並非他的錯。開闊心胸，尊重他人，不論對方外貌如何；勿因外貌而歧視人。

另請參閱第五、十七、四九、五0、五八、八0、九五、九六條。

一一0

勿因
貧窮
而歧視人

造成貧窮的原因很多，大多數情形並非（僅因爲）個人的錯。事實上，由某些觀點看，大多數貧窮（主要）是由於令人同情的不幸。

開闊心胸，尊重他人，在能力範圍內應同情幫助貧窮的人，而勿歧視他。

另請參閱第五、八、十一、四九、五0、八0條。

一一一

勿因
宗教選擇
而歧視人

每個人有選擇宗教的自由，我們應該尊重。開闊心胸，尊重他人，勿因宗教選擇而歧視人。

另請參閱第五、五0、五八、八一條。

一一二　民主

要有民主的修養與風度。在團體活動時尊重多數人的意見。

另請參閱第十三條。

一一三　公德心

不要僅顧到自己的私利或方便，各種行為，不論大小，要注意勿損害他人或大眾。

另請參閱第廿四、廿六、廿七條。

一一四

勿讓言行逾矩

在任何情況下，不論情緒如何，勿讓言行超過應守的分寸。

另請參閱第十二、十三、五一、五二、五三、五四、五六、一一五條。

一一五

小心勿性騷擾

性騷擾問題在廿世紀最後十年震撼了整個美國社會。由總統到社會各階層皆不能免疫性騷擾訴訟或糾紛。美國社會爲此顯得人心惶惶；許多人積極地控訴被性騷擾，許多人擔憂可能被控告犯性騷擾。一旦性騷擾官司纏身，往往身敗名裂，至少是非常麻煩擾人。

性騷擾的控訴並非全是女告男，也有許多男告女。或許更令很多人驚訝的是，美國性騷擾的法律也適用於同性之間。

在廿一世紀，不僅性騷擾問題繼續在美國咆哮，那旋風也將捲襲其他國家－許多國家與地方將實施性騷擾法律。

很多被告是在不自覺是錯誤的情況下犯了性騷擾，因為在過去那些言行並不被視為犯罪或普遍認為不對，而許多人對那類言行已經習以為常了。所以我在本條標題中加上「小心」兩字以進一步提醒。在廿一世紀要格外小心警覺勿犯性騷擾。

也許很多人會問：避免犯性騷擾似乎很困難，應該如何避免呢？我想一個有用而精簡的提示是：

使自己的言行舉止像個紳士、淑女。乍看之下這很簡易平凡，實則未必。要真正徹底做好這點，應該使您對言行舉止的思考、反應與習慣都要做到。深思一下這個提示，使您可以良好地理解、消化且吸收它。如果您過去認爲避免犯性騷擾是困難的，現在不妨試試這個方法。

除了上段那個有用而精簡的提示外，若您還想知道更徹底的方法，那就是遵循本書有關的作人原則。請參閱例如第五、十、十二、十三、十四、五一、五二、七六、七七、一一四條。

一一六　守法

廿一世紀的法律趨向繁雜細瑣，對許多個人自由比過去施加較多的限制約束，性騷擾那方面的法律即爲一例（詳請參閱第一一五條）。許多人的想法與習慣將與法律所要求的不同，所以一不小心就可能違法；許多人將在不知不覺中觸犯了法律禁忌。一旦違法而被控告，則將有許多麻煩纏身，甚至身敗名裂，不必提可能喪失自由了。

欲避免違法，平時應留心有關的法律，而且根深蒂固守法的觀念及習慣。

一個法治、民主、成熟、健全的廿一世紀社會需要人人遵守法律。如果您認為某項法律不好，可以試著以不違法的一些方法去改變它。在它被改變之前，我們仍應遵守它，至少不要去觸犯它。

另請參閱第一一二條。

一一七　國際觀

如同在第一0六條中的討論，廿一世紀的社會趨向高度國際化與多文化交融性，在廿一世紀國際意識也將升高。我們更應該放遠眼光，開闊心胸，培養廿一世紀應有的國際觀，善待國際社會及國際人民。

另請參閱第五、五0、五八、一0五、一0六、一0七、一一一、一一八、一一九、一二0條。

一一八　和平觀

人與人應和平相處，勿打鬥。

推廣這基本的和平觀，人群與人群也應和平相處，勿打鬥。同理，不同的地方、社會也應和平相處。

如同在第一０六、一一七條中的討論，遲早，希望在廿一世紀，地球終會和平、統一，不再有國與國間的爭鬥。

在廿一世紀我們更應該放遠眼光，開闊心胸，培養廿一世紀應有的和平觀，以其對待所有的人。

另請參閱第五、四九、五０、五八、九一、一０五、一０六、一０七、一一一、一一七、一一九、一二０條。

一一九　世界觀

所有的人類居住在這小小的地球上，而地球只不過是浩瀚宇宙中的滄海一粟，人類應該要有同舟共濟的瞭解與胸懷。

如同在第一0六、一一七、一一八條中的討論，在廿一世紀，世界意識將提高，不同的文化將更加速交融，遲早地球終會和平、統一。

在廿一世紀我們更應該放遠眼光，開闊心胸，摒除古老的狹隘地域觀，培養廿一世紀應有的世界觀，以其對待世人，並更珍惜愛護我們可愛的小地球。

另請參閱第五、五0、五八、一0六、一0七、一一七、一一八、一二0條。

一二0
廿一世紀的
大同觀

如同在第一0四～一一一、一一七、一一八、一一九條中的討論，在廿一世紀我們更應該放遠眼光，開闊心胸，不再沈溺短視狹隘的疆界地域觀，不再相互歧視，所有人類應該同舟共濟、和平相處，共同愛護和享有我們美好的世界。

另請參閱第五、五0、五八、一0四～一一一、一一七、一一八、一一九條。

一二一　一致

作人應該一致。所想、所言、所行應該一致。

遵循前面的作人原則應該一致。一直遵循作人原則，而非有時遵循有時不遵循；對待所有的人皆遵循作人原則，而非對待有些人遵循對待有些人不遵循。

也許有人會問：與他人的關係有親疏遠近之別，怎能待人相同？答案是：待人因親疏遠近是會有程度上的差別，但作人原則是相同的。

一致也可以使您的廿一世紀作人變得較簡單、容易而且更佳。

原則索引

(按首字筆畫順序排列)

原則・條號

五畫

六畫

七畫

八畫

九畫

十畫

十一畫

十二畫

十三畫

十四畫

十五畫

十六畫

十七畫

十九畫

廿畫

廿三畫

他人如何說此書

（較美好世紀世界組織提供）

（本組織贊助此書的原因 - 請見此書後封面文）

對新世紀與新千年的參考之作；諾貝爾和平獎得主戴克拉克總統的評論

「我恭喜您有此優秀的研究成果。它必將是我在準備許多焦點在新世紀與新千年的挑戰的必須演講時的一個參考。」諾貝爾和平獎得主戴克拉克總統在寫給哲臘曙博士的一封信中說此。

「毫無疑問的，如果人們遵照這些作人原則，這世界將是一個較好的居住地方。」

「我感激您爲了寫這全面性而同時非常清楚的整套原則所做的研究努力。毫無疑問的，如果人們遵照這些作人原則，這世界將是一個較好的居住地方。」挪威首相延斯·斯托爾滕貝格在寫給哲臘曙博士的一封信中說此。挪威每年頒授諾貝爾和平獎，並爲一個較好的世界努力。

「一本對廿一世紀新而正確的經典("Bible")」

古典東方文化有關作人最重要的幾本書 – 被視爲古典東方文化的幾本「聖經」 – 是在幾千年前被創造的。西方文化的情形是相似的。其他有關作人的書也是針對廿世紀或更早。廿一世紀的人類社會將與現在非常不同，更不必說與過去的差異了。在廿一世紀中，良好的作人應是如何？「廿一世紀完全作人原則」正是這本人們爲準備在新世紀中的個人作人所需要的書。與大多數這題材的書不同，它不是一本宗教書，也不是一本古訓集。它明顯地是哲臘曙博士長期研究的結果。

— 書評作者：汪達·博弈得博士（教育專家）

「人們現在需要此書」

廿一世紀 – 多麼令人興奮的世紀！但是，它也是一個危險的世紀！…因此，人們現在必定需要哲臘曙博士的「廿一世紀完全作人原則」。…根基於他的長期研究，哲臘曙博士是第一位學者依據科學討論（在這本書裏）作人與健康的聯繫關係並且指出良好的作人可能有益於健康。這是此書許多創新的觀點之一。…此書中的作人原則是完全的，而其他相同題材的書則非。

— 書評作者：南希・莫里森博士（教育專家）

「再次顯示遠見」

最近 SARS（煞世病）的教訓再次顯示哲臘曙博士的遠見。是的，您應該「注意清潔衛生習慣」（書中原則第 78 條）。這的確是對廿一世紀一條非常重要的作人原則。

— 克里士多夫・李（一位華人評論者）

「空前嶄新的！」

在爲了我的專業需要已經讀了許多作人和教育的書之後，我非常高興看到哲臘曙博士所寫的「廿一世紀完全作人原則」中一些特殊的內容。…第一點。我對那書中與東方文化有關的材料特別感興趣；這類題材的書很少有納入那些材料。西方人的確需要讀它們。它們可以幫助解決西方文化所不能解決的問題。更且，哲臘曙博士謹慎且美妙地融合了東方與西方文化(這兩者是相當不同的)中一些最好的觀念、精神和心靈，並且產生了一些空前嶄新的結果。這些將被廿一世紀新的人類社會所需要，也可以幫助解決一些重要與困難的問題。…

— 書評作者：大衛・坡特博士（教育與文化專家）

「可以幫助解決西方文化所不能解決的」

此書對當前最重要問題中的一些提供了一個解決方法，而且也是每個人對在廿一世紀中的個人作人一個必需的準備。它探討到廿一世紀高度國際化與多文化交融性的社會，並且也可以幫助解決西方文化所不能解決的。它包括了東方與西方文化中作人最佳的心智、靈魂及精神。適合由幼年到老年所有的人。

— 「書端」書評期刊

「非常高度的推薦」

我們活在一個年代，其腐蝕著良好行爲、容忍、倫理、道德與公德心，而這些美德對創造及維護公共次序與大眾福利是非常根本地必需。在「廿一世紀完全作人原則」裏，哲朧曙提供了一個簡明表達、傳達所應知訊息、實用、適切、可行的忠告綱要，其將扭轉促使現代文化野蠻的趨勢，並且重新灌輸個人及公共美德的思想。

— 書評作者：邁可・卡森（專業書評家）

「世界正在大聲泣求一本正確作人的書。」

「我喝采讚賞您的努力並且希望您的書成功。世界正在大聲泣求一本正確作人的書。」道德熱忱者道格拉斯·卡特萊特先生說此。

「以一個正確方式能夠有效地幫助解決校園暴力行爲問題」

當我們美國人聽到校園暴力行爲的新聞時是多麼驚訝和哀傷！這些無止盡的悲劇在過去幾年一再地發生。今日的學生將是明日國家的棟樑。所以這的確是我們國家所面對最重要的全國危機！事實上這個問題在廿一世紀將傳入許多其他國家，如果他們沒做什麼去防止它。

校園暴力行爲問題能夠被解決嗎？如何能夠解決它？槍枝管制？學校管制行動？我贊同哲臘曙博士的遠見：最有效且正確的方式來解決這個問題是適當的作人教育。

哲臘曙博士的「廿一世紀完全作人原則」正是此書 – 其以一個正確方式能夠有效地幫助解決校園暴力行爲問題。如果學生、老師和父母能好好地學習這書中的作人原則，那麼那個「無法解決的問題」就將被解決。學習那些作人原則一點也不困難，因爲這書是一本簡單、容易、清楚、方便且自我完備的手冊，其被良好地設計以適合大多數人。
— 書評作者：史蒂芠・懷特博士（教育專家）

路易士安納州教育廳廳長及路易士安納州教育廳在路易士安納州校園射擊事件發生一天之後的認知與願望

「我們認知您的書《廿一世紀完全作人原則》對對抗校園暴力行爲的價值與重要性。我們希望您將繼續是這場戰鬥的一支力量。」美國路易士安納州教育廳廳長西懾・霹卡得在路易士安納州校園射擊事件發生一天之後說此；「我們對您爲此的奮鬥致予最佳的祝福。」

奧克拉荷馬州州長喝采讚賞此書的努力

「許多我們的孩子們今天面臨深深的人格危機，由於這個顯示，我們必須在家庭、社區和學校內加強人格教育。」美國奧克拉荷馬州州長辦公室說；「州長(佛蘭克・柯易廷)因而喝采讚賞此書的努力。」

前美國第一夫人希拉蕊・柯林頓的評論

「教養下一代是我們最重要的工作。我們必須在我們國家創造對下一代好的氣候。」前美國第一夫人希拉蕊・柯林頓在此書出版後寫了一封特別信給此書發行人表達她的新方向。

哲臘曙的個人 (personal) 朋友們(非工作上的朋友們)對此書的感覺爲何？一位哲臘曙夫婦長期的個人朋友(華人)所寫的一封信可以爲例

「我被感動當讀這書時，因爲我能在其中看到臘曙。我們一直非常尊敬他，因爲他的個人作人、自我修養、親切仁慈、同情憐憫、…

我將以這書來教導我們的孩子們，來提醒我們自己良好的作人，以及來影響我們的朋友們和其他人。謝謝你，臘曙，寫這書！

所有的文字都不能夠切實形容我是如何感激臘曙寫這書和你們的友誼。

我將終生珍惜它們兩者！」

「難得有像哲臘曙博士那樣以大慈大悲的心關懷世界。」

「難得有像哲臘曙博士那樣以大慈大悲的心關懷世界。我會向親友學生們推薦他的書。」對人性黑暗深刻瞭解而對眞誠、樸實、道德、正義熱忱支持的中國學者虞和芳教授說此。

「對我，圖書館館長，有此書在我們圖書館裏令我引以自豪。」

「您爲這本可敬的書而聖戰令我深深感動。…對我，圖書館館長，有此書在我們圖書館裏令我引以自豪。」美國佛羅里達州阿蒙市圖書館可敬的館長董・布魯夏先生對此書發行人說此。

美國露營協會已訂購此書作爲作人教育和青、少年發展的材料

宗旨爲「經由露營經驗來豐富孩子和成人的生活」的美國露營協會已訂購此書作爲作人教育和青、少年發展的材料。「良好的作人可爲造成較好的露營、較好的學校或者甚至較好的世紀…之鑰。」美國露營協會陳述；「此書仔細地綱要許多建議對變得較有禮貌、較體諒他人、較道德，且因而較不會不體諒他人、較不會不禮貌以及較不會有暴力行爲。」美國露營協會進一步推薦：「你自己讀此書來看看這些原則如何能幫助你的職員和露營伙伴成爲〔較美好世紀〕的一部份。」

「是有明確的改進運動朝向較體諒他人、對他人較好以及較高尚的方向，經由…《心靈雞湯》全系列，而現在則爲《廿一世紀完全作人原則》。」「我們有能力改變自己，這也就是我們怎麼改造世界。」；一位教育家的評論；這位教育家致力於精神成熟和直覺商數(直商)(Intuition Quotient) 的教育；直商是由這位教育家及其同事創造的新IQ

「是有明確的改進運動朝向較體諒他人、對他人較好以及較高尚的方向，經由…《心靈雞湯(Chicken Soup for the Soul)》全系列，而現在則爲《廿一世紀完全作人原則》。…精神成熟是我們大家尋求的目標，而這要由自我覺曉及自我修養來達成。我們有能力改變自己，這也就是我們怎麼改造世界。我對《廿一世紀完全作人原則》非常感興趣。」這是教育家盆·布妻舍爾博士的評論；這位教育家致力於精神成熟和直覺商數(直商) (Intuition Quotient) 的教育；直商是由布妻舍爾博士及其同事創造的新IQ。

「非常特殊的優點」

哲臘曙博士的《廿一世紀完全作人原則》非常特殊的優點之一是其嚴密的邏輯，顯露於全書的字裏行間。此優點使得全書句句合理順達、無懈可擊。

— 書評作者：阿諾・呂資博士（數學家）

「教育不應該僅教知識，還應該教智慧。現在的教育未能成功地做好這點。我感覺這是造成今日邪惡橫行世界的部份原因。…我想要使用哲臘曙博士的《廿一世紀完全作人原則》爲主要的課本。」

「教育不應該僅教知識，還應該教智慧。現在的教育未能成功地做好這點。我感覺這是造成今日邪惡橫行世界的部份原因。我將要教一門新課：《智慧的社會學：其之學得及實際應用》，此作爲我們都市研究學生大學四年級的研討會。我想要使用哲臘曙博士的《廿一世紀完全作人原則》爲主要的課本。

我將使用另一本書作爲此門課伴隨的書：羅伯特・史滕博格的《爲什麼聰明的人們會如此愚笨》，耶魯大學出版社。

尋求和平並追求它，

卡立伯・樓薩度博士，系主任
都市研究、領導與發展學系」

由於頁數限制及引用權(著作權)的因素，
其他無法計數的眾多評論不能被列在此。
它們之中許多也許比列在此者評論得更好。
本組織、本出版社和此書的作者在此誠摯地
感謝所有已對此書評論的人們，不論其評論
是否被列在此：

我們誠摯地謝謝您 —

您已做了一項貢獻，
或多或少，
直接或間接，
使這世界較美好！

此書的作者哲臘曙博士個人也希望

在此誠摯地表達他對所有他的

家人、親友和同事的謝意，對他們

對此書的貢獻及精神上的支持。

♥

後封面文

（較美好世紀世界組織提供）

當人類即將步入廿一世紀時，高瞻遠矚、慈悲爲懷、同情憐憫、見危義勇的哲臘曙博士已提出了警世預言，其中一些已經在這新世紀被證明成眞。

您可以捫心自問：

- 如何使他人喜歡您、尊敬您？
- 如何贏得朋友？
- 如何使您的作人幫助您的健康、工作、事業、前途、成功、人際關係、精神生活、心靈、幸福、…？
- 如何使您的生活較順利、愉快？
- 如何做任何您想做的事而不會使他人不舒服？
- 如何培養孩子或學生的良好作人？
- 如何使世界和平且較美好？

您可以在這本「令人敬愛且令全世界華人引以爲榮」的手冊中尋悟出這些以及其他許多問題的答案。

這是一個很有意義的教育性禮物 – 可給孩子、學生、朋友、親戚、同學、父母、老師、其他教育者、…

它對讀者本身有許多益處，例如對健康、教育、工作、事業、前途、成功、自我改進、人際關係、精神生活、心靈、幸福及其他許多。您周圍的人也將受益。

每個人都可能發現這本手冊對他本身有幫助，不論年齡(從幼年到老年)、職業、身份、地位、性別、宗教信仰、種族、國籍、國家、或區域。

此書的價值與重要性已被許多專家及世界性領袖認知和稱讚。

最近研究預測未來人類社會將與現在差別很大。「面對這新的社會，我們有新的挑戰：在剩下的廿一世紀中，良好的作人應是如何？」

如果您爲人父或母，或爲人師，您能從這本手冊中學得如何培養孩子或學生的良好作人。請勸導您的孩子或學生讀這本書。這將對您自己以及他們有很大的益處。

這些完全作人原則「不僅包括什麼是我們應該做的，也包括什麼是我們不應該做的 – 尤其針對許多人常犯或易犯的毛病。」

這本適時、獨特且非常重要的手冊被設計爲適合大多數人，而且是自我完備的。它被美國一位專業書評家稱讚爲「簡明表達、傳達所應知訊息、實用、適切、可行的忠告綱要」。

此書顯著地不同於其他同題材的作品。

更且，與大多數那些作品相異，此書不是宗教書，也不是古訓集。

此書是來自一位極優秀的科學家的長期研究結果。

「本書的重要目標之一是融會貫通東西文化對作人的優良精髓，以之爲源進而創造較新較佳的作人原則以適合新世紀的人類社會，並將中國許多美好的作人精神介紹給西方世界。希望以此幫助解決廿一世紀人類社會所面臨的許多問題，包括(但不限於)(東西兩文化)僅其一文化不能解決的問題。」

不良行爲與心靈近年來在校園、社會和世界許多地方增加了。這個問題的含意及重要性是明顯的。此書被一些專家認爲是「以一個正確方式能夠有效地幫助解決校園暴力行爲問題」。有些專家說：「這本書對整個社會預防不良行爲也將是有效用的。」如何使世界和平且較美好？ – 此書可以引導人類走向正確的路途。其他許多個人和社會問題對個人福益的影響也逐漸在增加中。現在，需要一種有效、適當、全面、深根及長遠的解決方法。

此書對這些問題提供了一個正確的解決方法。它不僅是要幫助解決目前最重要的問題，它也是每個人對在剩下的廿一世紀中的作人有較好的準備所必讀的書。「良好的個人作人是社會良好健康的基礎。」

「在道德正義逐漸黯然褪淡的現今」，此書力挽狂瀾，成爲人類在廿一世紀向前航進的正確燈塔。

此書被稱讚爲「一本對廿一世紀新而正確的經典(“Bible”)」。（它不是一本宗教書。）

在另外一方面，此書被一些虔誠的基督徒讚譽並且推薦爲「對廿一世紀聖經最佳的補助書」。

作者哲臘曙是美國麻省理工學院 (MIT) 物理學博士，在美國哈佛大學 (Harvard University) 從事科學研究。他長期對「在廿一世紀人類社會中的作人」的研究產生了此書。

此書被較美好世紀世界組織贊助。較美好世紀世界組織是一個教育性、慈善性、非營利性、非黨派性、非宗教性、由志願服務者(無薪)支持的榮譽組織。其竭力使廿一世紀比過去任何時期都美好。爲了達成它的宗旨，較美好世紀世界組織引以爲榮地贊助此書。較美好世紀世界組織的總部設在哈佛大學與麻省理工學院旁邊。這兩所相鄰的大學是在新知識及文學方面居首的兩個教育和研究機構。較美好世紀世界組織的網站已被選爲最佳的非營利性網站之一。

此出版社是美國教育部「教育資料門路」的會員。此出版社決心僅出版最好的書。

許多教育單位，由國家、州/省的階層到個別的學校（大學、中學、小學、…），已訂購此書作爲教科書、參考書、給學生的禮物等等；或供教職員訓練發展、讀書俱樂部閱讀、全校性活動計劃等等；或作爲一個預防校園暴力行爲、改進教育、有益學生、老師及父母的積極行動。

由於受歡迎的需求，此書已被一些美國頂尖網路書店列爲頂尖特顯件(Top Featured Item)於一些題材類，如「非小說類」、「參考類」中的「個人實用指南」，「健康、心靈與身體類」中的「作人」，「生活技能指南類」，「道德與倫理哲學類」，…

敬請告訴您認識的人及您當地的圖書館（公共、私人、學校、大學、机构等等）有此書存在。這是對您自己、對您的家人、鄰里、對您認識的人、對社會和世界一項容易但偉大且可敬的貢獻。您將會被感激！

Complete Conduct Principles for the 21st Century - Traditional Chinese Edition

Publication date: **January 1, 2009**
Publisher: Nicer Century World Publishing, Massachusetts USA

USA Library of Congress Cataloging-in-Publication Data
Newton, John, date.
Complete conduct principles for the 21st century / John Newton.
p. cm.
Includes index.
1. Conduct of life. I. Title.

BJ1581.2 .N49 2000
170'.44--dc21

99-057919
LC-CIP

ISBN 0967370515 (Traditional Chinese; 10-digit ISBN)
ISBN 9780967370514 (Traditional Chinese; 13-digit ISBN)
ISBN 0967370507 (Simplified Chinese; 10-digit ISBN)
ISBN 9780967370507 (Simplified Chinese; 13-digit ISBN)
ISBN 0967370558 (English-Traditional Chinese; 10-digit ISBN)
ISBN 9780967370552 (English-Traditional Chinese; 13-digit ISBN)
ISBN 0967370531 (English-Simplified Chinese; hardcover; 10-digit ISBN)
ISBN 9780967370538 (English-Simplified Chinese; hardcover; 13-digit ISBN)
ISBN 0967370523 (English-Simplified Chinese; paperback; 10-digit ISBN)
ISBN 9780967370521 (English-Simplified Chinese; paperback; 13-digit ISBN)
ISBN 0967370574 (English; hardcover; 10-digit ISBN)
ISBN 9780967370576 (English; hardcover; 13-digit ISBN)
ISBN 0967370582 (English; paperback; 10-digit ISBN)
ISBN 9780967370583 (English; paperback; 13-digit ISBN)

www.ingramcontent.com/pod-product-compliance
Lightning Source LLC
Chambersburg PA
CBHW070943230426
43666CB00011B/2544
* 9 7 8 0 9 6 7 3 7 0 5 1 4 *